Ettore Vitale

Le parole dei soldi

Piccola etimologia della finanza

Introduzione

Nel 1893 uno che di capitalismo ne sapeva, Friedrich Engels, ha scritto:

La prima nazione capitalistica è stata l'Italia. La conclusione del Medioevo feudale e l'inizio della moderna era capitalistica sono segnate da una figura grandiosa: è un italiano, Dante, l'ultimo poeta medievale e insieme il primo poeta della modernità.

È vero: il Sommo Poeta è la figura che "sdogana" il volgare come lingua scritta e poetica e non più solo idioma da illetterati; sarà questa la lingua che andrà a costruire il gergo finanziario delle prime banche toscane e delle prime regole commerciali moderne.

Non c'è paese al mondo il cui lessico finanziario non sia stato influenzato, direttamente o indirettamente, da quanto vergato con piuma d'oca sulle prime pergamene commerciali che circolavano a Siena, Firenze, Lucca, Genova, Venezia, per citare solo alcune delle sedi d'origine dei banchieri, degli orafi, dei cambiavalute, dei commercianti che hanno fatto la storia del denaro.

Con qualche gradevole eccezione, all'origine c'è quasi sempre la madre di tutte le lingue romanze: il latino; non solo come percorso tecnico-linguistico ma anche come impianto sociale e giuridico della civiltà romana, di cui la *latinitas* è uno specchio fedele.

Quando le fonti me lo hanno consentito sono andato ancora più indietro nel tempo e ho inseguito come un segugio le tracce e gli indizi che mi hanno portato in Grecia e ancora più a oriente, fin dove la scintilla della scrittura è scoccata parecchie migliaia di anni fa. Quando quella scintilla si è accesa è avvenuta la più grande rivoluzione umana: è nata la storia. Galileo Galilei ce ne trasmette l'emozione in maniera mirabile:

"Sopra tutte le invenzioni stupende, qual eminenza di mente fu quella di colui che s'immaginò di trovar modo di comunicare i suoi più reconditi pensieri a qualsivoglia altra persona, benché distante per lunghissimo intervallo di luogo e di tempo? Parlare con quelli che son nell'Indie, parlare a quelli che non sono ancora nati né saranno se non di qua a mille e dieci mila anni? E con qual facilità? Con i vari accozzamenti di venti caratteruzzi sopra una carta."

Affidavit

Questa forma di garanzia costituita da una dichiarazione giurata (o comunque solenne) unilaterale, in cui il dichiarante attesta che un terzo è titolare di un diritto, ha una storia che ci porta, come spesso accade quando si parla di finanza, nella Toscana medievale. Chi conosce appena un po' la storia delle banche sa infatti che nell'area di Siena possiamo trovare le radici di molte delle attuali prassi bancarie e commerciali valide in tutto il mondo.

Così possiamo leggere in uno degli statuti del Comune di Montagutolo, redatti tra il 1280 e il 1297, che l'affidavit serve per "trarre alcuno d'obbligo e assicurarlo di qualunque danno".

Il verbo affidare non va interpretato come oggi: in latino medievale significa "giurare sulla propria fede", quindi possiamo tradurre letteralmente affidavit con "egli giurò".

Eppure, benché il significato di *affidavit* così come la sua funzione di garanzia siano ben sanciti negli statuti dei Comuni senesi del XII e XIII secolo, è soprattutto nel diritto anglosassone che oggi si fa uso di questa parola.

L'evoluzione, invece, delle norme bancarie e delle raccolte di leggi in Italia abbandona nel tempo l'*affidavit* per sostituirlo con altre espressioni equivalenti.

Probabilmente la ragione sta nell'unicità, nel lessico anglosassone, di *affidavit*; infatti esso non può essere confuso, come accade invece in italiano, con altri significati del verbo affidare e dei suoi derivati.

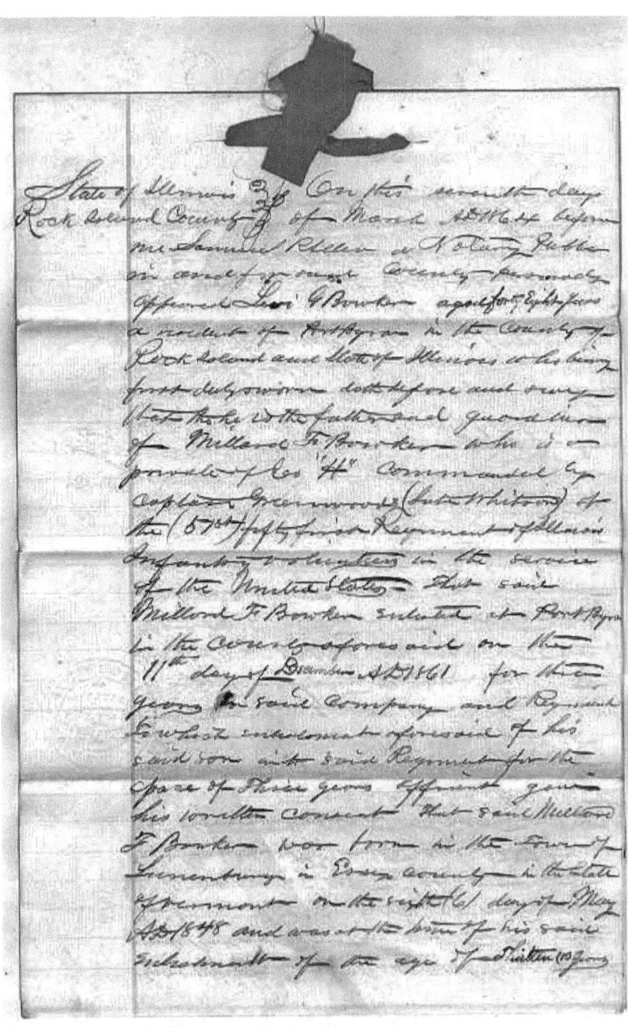

Un affidavit americano del 1864

Ammortamento

Questa lugubre parola ci induce a pensare che i debiti vengano condotti a morte, ma non prima di lunghe pene detentive. In realtà la vita e la morte hanno poco a che fare con l'*ammortamento* e con il verbo *ammortare* (o *ammortizzare*, ugualmente corretto e forse un po' più elegante).

In latino il verbo *morior* stava ad indicare, oltre alla fine della vita, l'estinzione lenta del fuoco (da cui il verbo italiano *smorzare*) e, per estensione, di tutto ciò che lentamente svanisce, come il ricordo: *suavissimi hominis memoria moritur* scrive Cicerone.

E così anche i debiti si estinguono morendo come il fuoco (e a volte scottano come questo, vogliamo dirlo?), passando da *ammortizzare* nel '600 e *ammortire* nel '700, risuscitando una parola già utilizzata nel '300 per "condurre a morte", quasi sicuramente sotto l'influenza del francese *amortir*, la cui prima attestazione è del 1680. Per arrivare infine all'odierno *ammortare* che appare non prima del 1800.

Arbitraggio

S'è già detto degli statuti dei Comuni medievali in Toscana come preziosa fonte delle regole commerciali che, più o meno evolute, sono alla base di molte regole finanziarie moderne in tutto il mondo.

Così troviamo negli Statuti della Repubblica di Lucca del 1539 che l'*arbitraggio* è la "scelta della via o del mezzo più conveniente per condurre a compimento un'operazione di compravendita, cambio o speculazione", il che sembra si confaccia perfettamente alla definizione delle odierne operazioni di arbitraggio.

Ma per un arbitraggio serve un arbitro, e qui casca l'asino etimologico; la storia di questa parola è molto incerta ed oggetto di mere ipotesi poco suffragate dalla ricerca, tanto che alcuni studiosi la ritengono ancora del tutto indefinibile. Tuttavia citiamo l'ipotesi più accreditata che fa risalire l'origine all'espressione latina *ad bitere*, che vuol dire "recarsi a". L'ipotesi quindi è che l'*arbiter* si recava presso qualcuno per fornire il suo arbitrato. Deboluccia? Forse no, se pensiamo che anche l'avvocato, e questa volta l'etimo è certo, ci arriva da *ad vocatum*, cioè "chiamato accanto a sé".

Argento

Gli alchimisti medievali lo associarono alla luna, convinti che il nostro satellite fosse fatto d'*argento* e che dalla luna il metallo fosse influenzato nel colore e nelle proprietà. Nelle stesse magiche fucine un altro sfuggente e liquido metallo era detto *argento vivo*, o *hydrargirium*, (letteralmente "argento annacquato") prima che prendesse il suo nome dal primo pianeta, Mercurio.

Non è solo in francese che l'argento (*argent*) può indicare il denaro in genere; la letteratura italiana medievale e rinascimentale è ricca di esempi in tal senso: Dante parla della sofferenza di un traditore nel trentaduesimo canto dell'Inferno, e racconta come il poveretto *piange qui l'argento* ricevuto in cambio del tradimento.

Quanto all'etimo del latino *argentum*, questo ci arriva dal greco *àrgyros*, con lo stesso significato, a sua volta dalla radice indoeuropea *arj-*, relativa a "ciò che risplende". La stessa radice dà origine al greco *argós*, "bianco splendente". Anche il cane di Ulisse, Argo, era bianco.

Azione

Dal francese *action*, attestato nel 1669. Anche i derivati *azionario* e *azionista* ci arrivano dai francesi *actionnaire* e *actioniste*, rispettivamente attestati nel 1675 e 1730.

Sull'origine di *action* l'ipotesi più valida, ma sicuramente non certificata, è che il possesso di un'azione concede all'azionista la facoltà di *agire*, anche giudizialmente.

Constateremo molto spesso che la formazione delle parole francesi precede, a volte anche di molto, la formazione delle parole italiane; e questo nonostante il lessico francese derivi nella maggior parte dei casi dal latino, sia pure con le sue variazioni galloromanze.

Non è che il francese abbia avuto una maggiore velocità evolutiva, ma semplicemente il latino, come lingua scritta, era durissimo a morire in Italia perché lingua della Chiesa. Quando diciamo che una certa parola si forma in italiano in una certa data, ci riferiamo alla lingua scritta; il che non vuol dire che quella parola non fosse già presente nella lingua volgare parlata. Di fatto in Italia, per secoli, il volgare parlato diverge fortemente dalla lingua scritta latina, cristallizzata nelle forme in uso da parte della Chiesa. Cristallizzata fino al punto che ancora oggi in Vaticano vive e vegeta.

Banca, Bancarotta

Nel Foro dell'antica Roma, sotto gli archi dei templi di Giano e di Castore, si potevano trovare in età imperiale gli *argentarii*, cioè coloro che esercitavano il commercio in denaro. Curiosità: il nume tutelare degli argentarii era Mercurio, che era anche il protettore dei ladri!

Roma - Clivus Argentarium

L'esercizio avveniva su un banco di legno (*mensa argentaria*) sul quale erano appoggiati il sacco con le monete ed il registro dei clienti; nella malaugurata ipotesi che un *argentarius* non riuscisse più a tener fede ai suoi impegni, il suo banco veniva sfasciato dai miliziani a colpi d'ascia, perché non potesse più esercitare. Un organismo di vigilanza primordiale ma molto efficace.

Questa usanza arrivò fino al Medio Evo, quando i primi Banchieri apparvero in Toscana e poi nel resto d'Europa, sempre con il loro *banco* (non più mensa) che veniva puntualmente scassato dalle autorità quando i banchieri la prendevano un po' alla leggera.

Il resto è facile: dal banco arriviamo alle banche ed a tutte le altre parole che ne derivano, dai banchi rotti arriviamo alla bancarotta; quest'ultima appare come parola a sé stante per la prima volta nel 1598.

Banconota

Già nel '300 circolavano in Italia le *note di Banco*, documenti rappresentanti un credito in metallo prezioso esigibile presso orafi e banchieri. E la nota di Banco sarebbe rimasta tale fino ad oggi, se gli inglesi non ne avessero assimilato il concetto nell'espressione *bank note*, reimportata e adattata nella lingua italiana come banconota.

Presumibilmente la prima comparsa di questa parola nella lingua italiana è del 1849, quando nel Dizionario Politico edito a Torino "ad uso della gioventù italiana" si può leggere che le note di Banco sono anche dette banconote, "voce tolta dagli Inglesi che chiamano *notes* quelle cedole".

Ancora nel 1824 invece, negli atti del governo lombardo si parla unicamente di note di Banco e non di banconote.

Budget

I francesi la pronunciano *büggé* e hanno qualche ragione. Questa parola deriva infatti dal francese *bougette*, il sacchetto di pelle per il trasporto delle monete che non obbligava a portarsi dietro il forziere in caso di spostamenti.

Potrebbe derivare dal francese *bouger* (spostarsi) ma anche dal latino *bulga* (borsa in cuoio). Forse da tutt'e due, con una bella sintesi semantica. Da *bulga* deriva sicuramente il raro italiano *bolgetta* (borsa in pelle per documenti).

Quindi *bougette* attraversa la Manica e diventa *budget*, per poi tornare da noi come parola inglese che però del tutto inglese non è. Perciò, se vi capita di sentirla pronunciare alla francese non arrischiate sorrisini. Avreste torto.

Calcolo

Calcolo ci arriva dal latino *calculum*, sassolino, a sua volta da *calx*, calce. È evidente il riferimento alle pietruzze quando parliamo di calcoli renali, lo è un po' meno quando ci riferiamo al far di conto, ma la spiegazione c'è: nell'antica Roma le operazioni aritmetiche erano eseguite su di una tavoletta (*abacus*) con delle apposite scanalature in cui scorrevano dei sassolini, i *calcula*.

Può sembrare strano, ma in un contesto elegante sarebbe da preferire il termine *calcolazione*, benché antiquato e un po' cacofonico. Se pensiamo all'azione di velocissime dita che muovono sassolini per calcolare, il termine *calcolazione* è molto più significante dello sbrigativo *calcolo*.

Cancelliere dello scacchiere

Perché il ministro britannico delle finanze si chiama cancelliere dello scacchiere?

Perché nell'Inghilterra del 1100 e dintorni si usavano delle tavole a scacchi per fare i conti, dette *exchequer* che per estensione passarono ad indicare le finanze, l'erario; da questi, il passo a *chancellor of the exchequer* è breve.

Westminster 1805 - Court of the exchequer

Ci pare molto interessante, poi, spiegare cosa ha a che vedere un ministro con un cancello; il perché del cancelliere. Scrive Giovanni Boccaccio nel 1373 in *Esposizioni sopra la Comedia di Dante*:

...costui fu maestro Piero dalle Vigne della città di Capova, uomo di nazione (nascita, N.d.R.) *assai umile, ma d'alto sentimento e d'ingegno* [...] *e per questa sua scienza fu assunto in cancelliere dello 'mperadore Federigo secondo, appo il quale con la sua astuzia in tanta grazia divenne, che alcun segreto dello 'mperadore celato non gli era, né quasi alcuna cosa, quantunque ponderosa e grande fosse, senza il suo consiglio si diliberava...*

Ecco una illuminante descrizione di cosa fosse un cancelliere nei primi secoli del secondo millennio: un "factotum" di buona cultura al servizio di un potente, adibito a scrivere e leggere per conto del suo padrone, quando non anche a pensare in sua vece. Sicuramente non è il caso di Federico II, uomo a sua volta di grande cultura.

Ma spesso il cancelliere sopperiva all'analfabetismo del suo signore e ciò era tanto più vero se prendiamo in considerazione non più re e imperatori ma semplici feudatari.

Quindi il cancelliere scriveva, e che cosa usava per scrivere? Pensiamo sempre al livello culturale medio dell'epoca: in un castello, in un feudo, il cancelliere era l'unico letterato che sapesse tenere una penna in mano e quindi la penna e la carta erano cose da cancelliere, delle *cancellerie*! E dove riponeva i suoi "ferri" del mestiere il nostro cancelliere? Nella *cancelleria*, probabilmente un piccolo ripostiglio o armadio che più tardi passerà ad indicare l'ufficio del cancelliere, quando il significato di quest'ultimo si estenderà a coprire quello di ministro.

Ma torniamo ancora più indietro nel tempo e cerchiamo di scoprire che cosa ha a che fare il cancelliere con il cancello. Nell'antica Roma i cancelli costituivano la barriera fisica che separava il pubblico dal luogo dove erano in seduta i principi o i giudici e questa barriera era presidiata da un usciere, detto *cancellarius*. Quindi ancora una volta un impiegato al servizio dei potenti.

Permetteteci poi una digressione sul cancello, perché ha un etimo tra i più affascinanti a noi noti. A chi abbia visitato almeno una volta nella vita l'area archeologica del Foro Romano o gli scavi di Pompei non saranno sfuggite le caratteristiche ringhiere o cancellate a forma di "XXXX" di cui possiamo osservare delle riproduzioni anche nelle recinzioni che ancora oggi delimitano con eleganza i nostri giardini e le nostre terrazze. Ebbene quelle "X" somigliano a dei "granchietti", ancora più evidenti se nel punto d'incrocio c'è una forma tondeggiante e se i bracci della "X" diventano più di quattro. In latino granchio si dice *cancrum* e il suo diminutivo, cioè il nostro granchietto è, indovinate un po', *cancellum*.

Capitale

Cominciamo a ragionare di affari se c'è un capitale, quindi un cespite "in capo a tutto" da cui derivano gli interessi e ogni altro ragionamento sull'uso che si fa del denaro. Il capitale è un fulcro intorno al quale si fanno commercio e investimenti; senza di esso nulla di tutto ciò è possibile.

Tanto bastò ai banchieri fiorentini per cominciare a parlare di capitale intorno al '200, definendolo come la parte principale di un patrimonio in denaro.

Sebbene sconosciuto con questo significato nell'antica Roma, il riferimento è all'aggettivo latino *capitalis*, "principale", a sua volta da *caput*, "testa" e ancora dal rispettivo greco *kephalé*.

Certificato

Dal francese *certificat*, attestato in italiano intorno alla fine del XIV secolo. A sua volta originato dal tardo latino *certificare*, composto da *certum* e *facere*.

È interessante soffermarsi su *certum*, participio passato del verbo *cernere*, che vale "distinguere, separare". Questo verbo era soprattutto utilizzato in agricoltura, al momento della cernita dei prodotti della macinazione dei cereali, per esempio nella separazione della farina dalla crusca; Plinio il Vecchio scrive *cribro cernere* per "passare al setaccio". È evidente che un'operazione del genere separa la farina dalla "non farina"; il risultato sarà una farina setacciata (o, più correttamente, *stacciata*), cioè certa.

Probabilmente, con lo sviluppo del commercio dei cereali fu necessario garantire al cliente che la farina era stata correttamente stacciata quando l'acquirente non aveva partecipato all'operazione di stacciatura; da qui la necessità del verbo *certificare* che appare solo in epoca tarda (II - IV secolo d.C.).

Commercio

Mentre questa parola deriva direttamente dal latino *commercium* (composto da *cum* e *merx*, "merce"), i suoi derivati *commerciale*, *commerciante* e *commerciare* ci arrivano in età illuministica dalle rispettive parole francesi *commercial*, *commerçant* e *commercer* che sostituiscono in parte le precedenti *mercantile*, *mercante* e *mercanteggiare*.

In ogni caso il cuore è la merce, forse derivante dal latino *mèrere*, "guadagnare"; secondo altri l'etimo resta invece incerto. Accettando l'ipotesi detta, da *mèrere* deriverebbero anche *meritum*, "merito" e *merces*, "mercede, ricompensa".

A proposito di *mèrere* è da notare che da questo verbo deriva *meretrice*, (*meretrix*) letteralmemte "colei che guadagna".

Conto

La *sincope* è la caduta di uno o più suoni all'interno di una parola, ed è ciò che è avvenuto nel tempo alla parola *computo* per arrivare a *conto*. In francese invece la sincope è stata parziale, possiamo quindi dire che *compte* è più vicino all'origine latina *computum*, "calcolo", di quanto lo sia l'equivalente italiano.

Computum è l'atto espresso dal verbo *computare*, composto da *cum* e *putare* "calcolare, giudicare". Il verbo *putare* è molto interessante, perché trae origine dalla potatura delle piante: giudicare, valutare e, in ultima analisi, calcolare, richiedono la sapienza di distinguere l'utile dall'inutile, il vero dal falso, così come sa fare un bravo frutticoltore che prepara i suoi alberi per la prossima stagione.

Da questo verbo deriva l'espressione "puta caso" cioè "metti il caso che", non molto utilizzata nell'Italia settentrionale ma invece comune nel centro-meridione.

Copertura

Oggi chiameremmo "tuttologo" il frate Paolo Sarpi (1552-1623), teologo, filosofo, matematico, fisico, letterato, e chi più ne ha ne metta.

La sua opera più nota è la *Istoria del concilio tridentino* in cui egli si pose in aperta polemica contro i maneggi politici della Chiesa di Roma, tanto da subire addirittura un tentativo di assassinio.

Fu Sarpi, nell'opera citata, edita nel 1619, ad impiegare per la prima volta la parola *copertura* con significato di garanzia, assicurazione di un'operazione finanziaria.

I tempi di Marcinkus e dello I.O.R. erano ancora lontani ma scopriamo dalle discussioni del Concilio di Trento che il tema finanziario era già molto presente nella Chiesa.

Dal latino *cooperire*, coprire per mezzo di qualcosa (composto da *cum* e *operire*).

Costo

Come sostantivo derivante dal verbo *costare* appare nel XIII secolo, mentre è sorprendente come l'aggettivo *costoso* sia invece molto più moderno, apparendo solo verso la fine del '600 nel senso di "faticoso" e solo nel XVIII secolo in quello di "dispendioso in denaro".

Deriva dal latino *constare*, a sua volta composto da *cum* e *stare*, dando l'idea di un valore fissato e certo.

Credito

Derivante com'è dal latino *credere*, "far fede", porta in sé un'inequivocabile semantica di fiducia e fair play, tanto che le banche, com'è noto, non chiedono nulla come garanzia per concedere credito...

Il latino credere ci arriva da una radice indoeuropea *crad*, "fede". A sua volta è origine di una famiglia di parole tra cui ci pare interessantissima la *credenza*, quel mobile dove si appoggiano le pietanze da servire. Nel '600, durante i banchetti riservati ad ospiti di alto rango, un "Maestro credenziere" assaggiava tutti i cibi per garantire agli ospiti che non fossero avvelenati. Era il "servizio di credenza" che si effettuava dove i cibi erano imbanditi prima di essere serviti in tavola.

Debito

Letteralmente "il dovuto" nel latino *debitum*, che è il participio passato di *debere*, "dovere". A sua volta origina da *de-* e *habere*, "avere", quindi un possesso di segno negativo: sebbene io abbia questo denaro, non è mio e devo restituirlo.

Apparentemente è Guittone d'Arezzo, il poeta toscano, a usare *debito* per la prima volta intorno al 1290, ma è attestato contemporaneamente anche nel dialetto veneziano.

Deficit

Sebbene sia evidente che *deficit* non è altro che la terza persona singolare del verbo latino *deficere* e che quindi significa semplicemente "manca, vien meno", dobbiamo registrare ancora una volta una sorprendente provenienza diretta dal lessico francese: *déficit*.

Attestato per la prima volta in Francia nel 1560, in origine indicava le voci d'inventario mancanti e solo nel XVIII secolo comincia ad entrare nel lessico finanziario. Verosimilmente arriva in Italia insieme alle gravi notizie finanziare che accompagnano il periodo pre-rivoluzionario.

Anche la parola *deficitario* arriva nell'italiano dall'equivalente francese *déficitaire*. Senza l'influenza francese oggi potremmo avere una situazione finanziaria deficiente ma non deficitaria.

Denaro

Nell'Impero Romano il *denarium* (sottinteso *nummus denarium*, moneta da un denaro) era una moneta d'argento dal peso di circa 4,5 grammi, 1/72 della libbra romana) e del valore di *dieci assi* o *quattro sesterzi*. Il suo nome deriva da *deni* "da dieci": un "pezzo da dieci", quindi.

Denarium con l'effige dell'imperatore Adriano

Fino a tempi relativamente recenti *denaro* ha significato uno specifico taglio monetario; nel

Granducato di Toscana era la quarta parte del quattrino (da cui il nome di quest'ultimo). In Toscana denaro fu alterato in *danaio*; possiamo ritenere questo un forte indizio a sostegno dell'ipotesi che il salvadanaio sia un'invenzione dei banchieri toscani.

A proposito di toscani e monete non possiamo tralasciare una storiella relativa all'omonimo sigaro, che per un secolo è stato in Italia uno dei principali "misuratori" del potere d'acquisto della moneta, tanto è vero che faceva parte del "paniere" degli indici dei prezzi al consumo.

La storia è questa: a Firenze, intorno al 1885, circolava un giornale chiamato *Il resto al sigaro*; costava due centesimi ed era venduto nelle tabaccherie.

Un sigaro toscano costava otto centesimi, quindi comprando un toscano con una moneta da dieci centesimi si poteva ricevere come resto il giornale.

L'idea fu "rubata" a Bologna, dove nel 1885 nasceva il quotidiano che è ancora oggi uno dei simboli della città, *Il Resto... del Carlino*. I puntini erano proprio nel titolo del giornale, poi scomparsi nel tempo.

Anche questo giornale, che ebbe ed ha molta più fortuna del precursore fiorentino, costava solo due centesimi ed era venduto nelle tabaccherie.

Non abbiamo spiegato cos'è un Carlino: moneta coniata nel Regno di Napoli da Carlo di Borbone nel XVIII secolo e poi diffusa nel resto d'Italia, anche a Bologna.

Bologna, 20 Marzo 1885

DISPACCI STEFANI

Londra 19. — Camera dei Comuni. — Northcote chiede che si aggiorni a dopo le vacanze pasquali la discussione sull'accomodamento della questione finanziaria egiziana, fissata dal Governo per giovedì prossimo.

Gladstone potrà forse aggiornare la discussione al 30 corrente, ma risponderà effettivamente domani.

Suakim 19. — Gl'inglesi dopo una ricognizione e una leggera scaramuccia sono rientrati stasera.

STAMPA ITALIANA

La Rassegna commentando il voto che respinse la mozione Roux trova che questa misura tendev[a] a sop primere le necessarie indagini delle autorità competenti, sostituendovi il giudizio sommario della Camera che sarebbe stato privo di quegli elementi che sono indispensabili per un verdetto spassionate ed equo

Il Bersagliere trattando lo stesso argomento dice che l'on. Depretis non fu abile respingendo la discussione quando l'imponeva la solidarietà fra gli scolari e gli insegnanti — parecchi illustri — e che tutti avevano giurato fedeltà al Re ed alle leggi. L'inchiesta ordinata — conclude il diario romano — è la più atroce ironia che si poteva scagliare contro una patriottica città addolorata per l'agonia di un giovane studente.

Il Popolo Romano rileva che in omaggio al — *lavati di lì, perché mi ci voglio mettere io* — i conservatori inglesi affilano le armi per un nuovo attacco al gabinetto Gladstone in occasione della presentazione al parlamento della convenzione internazionale per l'assestamento delle finanze egiziane firmata a Londra.

STAMPA ESTERA

Incominciamo segnalando un articolo di fondo del *Temps* assai poco benevolo verso l'Italia e verso l'Inghilterra, ma verso noi specialmente. Afferma tra le altre che le nostre truppe erano dirette su Massaua solo per essere in grado di liberare Kassala e quindi — soggiunge — ora che Kassala è caduta, non è più possibile renderci conto della intrapresa italiana nel Mar Rosso. È pure degno di nota una corrispondenza da Roma al *Figaro* da cui stralciamo il seguente brano. — Finalmente le famose convenzioni sono votate e il ministero Depretis-Mancini è liberato da un cauchemar che gli fu causa di parecchie notti insonni. Però in presenza della debole maggioranza ottenuta, molti credono che se il gabinetto è tuttora in piedi. lo è solo perché buon numero di deputati fatene distratti dalla politica coloniale. Il governo ha vinto nel Mar Rosso ma ha perduto a Montecitorio.

?---

Il punto interrogativo che scriviamo in fronte al primo articolo, sta a sintetizzare la curiosità dei lettori riguardo al come e al perché della nostra pubblicazione. Questa curiosità ci affrettiamo di appagare il più breve e il più chiaramente possibile, a scanso di futuri equivoci.

Vogliamo fare un giornale piccino per chi non ha tempo di leggere i grandi: vogliamo fare un giornale per la gente che ha bisogno o desiderio di conoscere i fatti e le notizie senza fronzoli rettorici, senza inutili e dilette divagazioni: un giornale il quale risponda al quotidiano e borghese *che c'è di nuovo?* che ogni galantuomo ha l'abitudine di rivolgere ogni mattina al primo amico o conoscente che incontra, sia questi, magari e specialmente, l'onesto tabaccaio da cui va a comprare il primo sigaro della giornata.

Quest'amico dovrebb'essere appunto il *Resto... del carlino* dove ognuno avrà di che appagare il mattutino appetito di novità; dove l'uomo d'affari, l'operaio, l'artista, la donna, tutti, troveranno in un batter d'occhi le notizie esatte e recenti sugli avvenimenti più importanti, il resoconto completo, particolareggiato, minuzioso sino al pettegolezzo dei fatti accaduti non solo a Bologna, ma in Provincia, nell'Emilia e nella Romagna e in tutti i luoghi principali d'Italia specie a Roma donde riceveremo rapide informazioni e telegrammi particolari.

È nostro intento suscitare interesse e diletto; abituare quella parte del popolo, che legge poco e legge male. a questa specie di notiziario; invogliare alla lettura quelli che sino ad oggi alla lettura non hanno pensato mai.

E tutto questo per **Due Centesimi.**

Siamo giusti! È un pane quotidiano che offriamo a un prezzo minimo, non mai raggiunto nè meno dopo l'abolizione del macinato.

Il nostro è un lavoro di condensamento; una specie di sistema Liebig applicato al giornalismo: daremo, la quint'essenza di tutto ciò che stampano i giornaloni che vanno per la maggiore, l'*attualità*, nella forma meno pretenziosa e ciarlatana e più spigliata che sarà possibile.

Dei nostri intendimenti è non completo saggio il presente numero.

Dai concittadini attendiamo favore e conforto a raggiungere interamente il nostro ideale.

Ci resta la vanità di credere che, se non riusciremo, il torto sarà tutto del pubblico... che non avrà saputo comprenderci.

I REDATTORI.

PER POSTA

(Nostre Corrispondenze)

Da Roma 19. (t. s.) Iniziando la serie delle mie corrispondenze microscopiche al vostro simpatico giornaletto (cui auguro, naturalmente, tanta vita quanta non ne avranno tanti giornaloni che vanno per la maggiore) sono in grado di affermarvi, contro ogni possibile smentita, che a giorni partirà una nuova spedizione per l'Africa a rinforzare il presidio di Massaua di fronte ad ogni possibile sorreria dei madhisti, eccitati dopo la caduta di Kassala.

Il primo numero de Il Resto… del Carlino

Deposito

Leggiamo di *deposito* come un contratto in base al quale una parte custodisce un bene di un'altra parte, con l'obbligo di restituirlo ad un termine convenuto, negli scritti del magistrato Bono Giamboni, giudice del sestiere di San Piero a Firenze nella seconda metà del '200.

Anche in latino, sebbene non esistesse ancora come forma contrattuale, si parlava di *deponere pecuniam*, "depositare denaro" presso qualcuno.

Invece è abbastanza sorprendente come il deposito come accumulo di materiale o luogo per immagazzinare appaia nella lingua italiana molto più tardi, non prima del XVII secolo. Perfino il derivato *depositario*, colui che riceve un bene in deposito, precede di almeno due secoli il deposito con il secondo significato.

Diamante

La "indomabile" pietra, più dura del metallo più duro. È questa la semantica intrinseca di *diamante*. Deriva infatti dal latino *adamas*, "metallo durissimo", progenitore anche dell'aggettivo *adamantino*. Anche in greco la parola è *adàmas*, composta da *a-* (la cosiddetta *alfa privativa*, con il senso di "opposto") e *damào*, "domare".

Non domabile, quindi, ma è solo nel latino tardo e medievale che passa a indicare la pietra oltre che il metallo. In volgare diamante appare intorno al 1250.

Dividendo

Dividendo è una delle numerose parole italiane (come agenda, mutande, laureando) che derivano direttamente dal costrutto sintattico latino che si chiama *perifrastica passiva*, che esprime la necessità di fare qualcosa; in questo caso quella di ripartire gli utili tra gli azionisti.

In italiano lo stato di necessità è espresso con il verbo *dovere* usato in forma servile, cioè seguito da un altro verbo, come nell'espressione *devo andare*. In latino invece il verbo debere, "dovere" significa "essere in debito" e non "avere la necessità". La necessità è quindi resa in latino in un altro modo: una perifrasi composta dal *gerundivo* (gerundio passivo) del verbo in oggetto e dal verbo *esse*, "essere".

Quindi nel nostro caso *dividendum est* vuol dire "deve essere diviso", così come *res agenda sunt* vuol dire che "le cose devono essere fatte" (dal verbo *agere*, "fare").

Probabilmente la più celebre citazione della perifrastica passiva che si possa riferire è la frase *Cartago delenda est*, "Cartagine deve essere distrutta", pronunciata da Catone il Censore al senato di Roma, a cui seguì la più devastante e sistematica distruzione di una città e dei suoi abitanti che la storia ricordi (146 a.C.).

Dividendo come termine aritmetico ma anche con l'attuale significato finanziario appare in italiano solo nella prima metà del '700.

Divisa

Ecco un'altra parola che ci arriva solo indirettamente dal latino e direttamente dalla Francia.

Attestata intorno al 1100 come *devise* in francese antico, a sua volta dal latino *dividere*, trae origine dalla separazione delle insegne delle famiglie nobiliari tramite l'adozione di colori specifici per ogni famiglia. Dalla distinzione degli stendardi alla distinzione dei servi che vestivano nei colori del casato e poi ai combattenti, il suo uso si generalizza ad ogni campo in cui è necessario connotare l'appartenenza di persone e cose ad un padrone.

In italiano arriva più tardi, solo nel XIV secolo. Non è accertato quando in Italia divisa cominci a indicare un titolo di credito in valuta estera, ma è accertato che anche stavolta sono i francesi i primi a usare *devise* con quest'accezione, nel 1842. È evidente che aspetto e colore di una banconota possono identificare lo stato di appartenenza, proprio come facevano le casacche dei servi di un signore.

Dollaro

Tutto ebbe inizio con il Conte Schlick.

Il Conte, nei primi anni del XVI secolo, possedeva una valle con relativa miniera d'argento in Boemia (attualmente nella Repubblica Ceca), precisamente la valle chiamata *Joachimsthal*.

Intorno al 1520 il Conte coniò con il minerale estratto dalla sua miniera una moneta d'argento, che riportava sul verso l'effige di San Gioacchino ed ebbe corso in tutto l'Impero Germanico; la moneta fu chiamata, per provenienza ed aspetto, *Joachimsthaler*.

Joachimsthaler

Evidentemente troppo lungo, il nome divenne presto *Thaler*, poi *Taler* ed in basso tedesco *Daler*.

Daler svedese

Il *Tàllero* (o *Daler* nel Nord Europa) divenne presto una moneta di successo (famosi i Talleri di Maria Teresa d'Austria) e ad un certo punto attraversò la Manica, o forse direttamente l'Oceano Atlantico.

Infatti, c'è chi dice che il *Daler* fu trascritto erroneamente *Dolar* dagli inglesi e c'è chi invece pensa che siano stati gli olandesi o addirittura gli spagnoli, attraverso l'America del Sud e poi la California, ad esportare i Talleri in Nord America.

Economia

Quando diciamo che anche in un'azienda l'amministratore dovrebbe seguire le regole di oculatezza del "buon padre di famiglia" dovremmo ricordarci che *economia* vuol dire proprio questo: "amministrazione della casa".

Infatti ha origine dal composto greco *oíkos*, "casa" e *némein*, "amministrare, ripartire".

In italiano arriva per calco dal francese *économie*, relativamente tardi, intorno al 1540, mentre in francese appare già nel XIV secolo.

In latino invece *oeconomia* non si riferiva all'amministrazione ma alla distribuzione, l'ordinamento, delle parti di un discorso.

Una volta tanto un "insuccesso" latino: nel tempo *oeconomia* muore con questa accezione mentre *économie* torna a rifarsi alla radice greca.

Euro

Non c'è molto da dire sull'origine di una parola così moderna e così "artificiale". Invece la domanda interessante è: qual è il plurale di *Euro*? Se credete di non avere alcuna incertezza in merito, leggete e vi verrà.

La risposta sembra facile; basta leggere cosa c'è scritto sulle banconote: 10, 20, 50 Euro e non *Euri*. Sulle banconote svizzere è scritto "dieci franchi", ma la banconota circola solo in Svizzera e non è difficile far sottostare la valuta alle regole delle quattro grammatiche confederate; in fondo è sufficiente riportare l'espressione "solo" quattro volte su ogni banconota...

Come sarebbe mai possibile invece rendere il nome della valuta europea compatibile con le grammatiche di tutti i paesi dell'Unione? Ecco perché *Euro* è una parola convenzionale che sottostà ad una regola convenzionale: *Euro* al singolare e al plurale.

La questione Euro-Euri è stata dibattuta a lungo, a causa di prese di posizione autorevoli e contrastanti: l'Accademia della Crusca, la più alta autorità in tema di lingua italiana, già nel 1996 si era pronunciata per *Euri*, mentre una direttiva della Comunità europea del 26 ottobre 1998 sanciva l'invariabilità di *Euro*. Un caso senza precedenti: per la prima volta un organismo politico internazionale si pronunciava su una questione linguistica, costretto dall'eccezionalità del caso. *Euro*, infatti, è una parola che non ha nazionalità, ma precorre un'ipotesi lontana: è una parola della lingua unica europea.

Con successiva presa di coscienza della particolarità, l'Accademia della Crusca ha fatto in seguito marcia indietro. Ha scritto il Professor Francesco Sabatini, all'epoca presidente dell'Accademia: "una parola dotata di una sua particolare fisionomia, portatrice di una semantica che quasi la isola nel contesto morfosintattico... la prima parola europea non nazionale".

Ma, ripetiamo, la risposta "sembra" facile. In realtà la questione rimane inutilmente controversa, perché la citata Direttiva Europea del '98, con una incomprensibile mancanza di coerenza, ha decretato l'invariabilità della parola per l'inglese, l'italiano ed il tedesco, ma non per il francese (*les euros*), lo spagnolo (*los euros*), il finlandese (*eurot*), lo svedese (*eurorna*), pur stabilendo che comunque in tutti i paesi la parola deve essere riportata in forma invariabile sulle banconote.

Insomma, ci piacerebbe dire "Euro, finalmente, e non se ne parli più!", ma gli organismi della UE non ci aiutano, creando ulteriore confusione. È proprio vero che bisognerebbe lasciare fare ad ognuno il suo mestiere, e la grammatica non pare essere quello dell'Unione Europea.

Finanza

Finanza, *finanziare* e *finanziere* sono tutte "italianizzazioni" dei corrispettivi francesi *finance*, *financer* e *financier*. Derivano tutti dai provenzali *fin* e *finer,* rispettivamente liquidazione, quietanza e "pagare alla fine".

In italiano appare nel XVI secolo ma si afferma solo nel '700. Alcuni suoi derivati, come *finanziamento e finanziatore* sono nati addirittura nel '900, così come l'espressione *alta finanza* che è del 1919.

La *finanza* e la sua famigliola di derivati non hanno avuto vita facile; Antonio Lissoni, nel suo *Aiuto al purgato scrivere italiano* del 1831, scrive alla voce *finanza*: *è voce generalmente ricevuta a rappresentare una certa magistratura de' regni ed anche le rendite loro; ma negli scritti di rilievo non l'userai come si vede ogni dì nel positivo senso di avere, beni di fortuna, patrimonio, entrata particolare, rendita.* Un esempio dell'ostracismo ottocentesco verso le parole transalpine.

Dal francese ci arriva anche la *finanziera*, quell'austero soprabito scuro e lungo spesso sormontato dal cappello a cilindro o bombetta e accompagnato dai pantaloni a righe. Lo indossavano banchieri e deputati fino ai primi decenni del secolo scorso ed era chiamato anche *redingote* o *stiffelius*. L'abbiamo visto indossato con annessa bombetta da George Banks, l'integerrimo banchiere di Mary Poppins.

C'è poi una *finanziera* in cucina, minuti pezzetti di interiora di pollo e agnello preparati con il tartufo; ovviamente è francese, ça va sans dire.

Fisco

Il *fiscus* era nell'antica Roma un cestello di giunchi intrecciati adibito alla conservazione delle monete. È con tutta probabilità anche un antenato del *fiasco*, la bottiglia sferoidale contenuta in un cestello di fibre vegetali.

Con l'organizzazione dei tributi nell'impero romano, in età augustea, il *fiscus* passò a indicare la cassa personale dell'imperatore, contrapposta a quella dello stato che era l'*aerarium*. Quest'ultimo non sempre funzionava benissimo; la speranza di riuscire a non pagare le imposte per inefficienza dello stato, specialmente alla periferia dell'impero, era concreta. Non così quando era l'imperatore a battere cassa; in questo caso erano le guardie imperiali a controllare minuziosamente i contribuenti senza farsene scappare nessuno. Ecco perché un controllo rigoroso è detto *fiscale* e non *erariale*.

Le prime attestazioni di fisco in italiano sono della prima metà del '300.

Fluttuazione

C'era una volta il verbo latino *fluere*, "fluire" che nella sua evoluzione ha avuto due participi passati: *fluctum*, il più antico, da cui deriva *flutto* e *fluxum* da cui ci arriva *flusso*. Dal primo deriva anche *fiotto*; in questi casi si parla di *allotropia*: lo stesso significante (*fluctum*) origina due significati, come nel caso di *cerchio* e *circolo* ambedue originanti da *circulum*.

La *fluttuazione* è l'atto del fluttuare, cioè essere mosso dalle onde (o flutti). Ne troviamo le prime tracce, sempre solo con il significato non figurato, intorno al 1350. Invece dobbiamo aspettare la fine dell'800 per vederlo impiegato a descrivere la variazione temporanea di una grandezza economica.

Fondi

In latino *fundus* è la parte più bassa di ogni cosa e, per estensione, il terreno, il fondo agricolo.

Fondi nel significato di beni o denari accantonati per un uso specifico appare solo nel '500, ed è una semantica derivata da quella latina del suolo: così come per coltivare qualcosa nonché per costruire un edificio occorre un fondo, per comprare qualcosa occorrono dei fondi. Una base su cui coltivare o costruire; in senso concreto con del terreno, in senso figurato con del denaro.

Fondo è anche un aggettivo, probabilmente derivato per *afèresi* (caduta della prima sillaba) da *profundus*.

Franco

Il nome ci arriva dall'incisione *Francorum Rex* riportata sul *recto* della moneta coniata nel 1360 dal Re di Francia Giovanni II il Buono insieme alla sua effige.

Fu l'epopea napoleonica ad imporre questa moneta in mezza Europa.

Il primo Franco francese (1360).
Sul bordo a sinistra l'incisione "Francorum Rex"

Guadagno

Per una volta possiamo mettere da parte il latino e spostarci in *Austrasia*, la parte del Regno Franco corrispondente a gran parte dell'attuale Germania, per osservare come l'economia dei Franchi era basata, intorno al quarto e quinto secolo, principalmente sull'allevamento del bestiame.

Probabilmente le prime forme di lucro esistenti in questo tipo di economia derivavano dal commercio tra le varie tribù dell'erba da pascolo, che in *fràncone* si diceva *waidanjan*, a sua volta derivato da *waida*, "pascolo". Quest'ipotesi di origine di *guadagno* è molto accreditata, sia presso i linguisti italiani che di tutta Europa, perché ne troviamo gli elementi in quasi ogni lingua europea. Per esempio nel *gain* inglese, nel *gagner* francese, nel *ganar* castigliano, nel *gewinnen* tedesco e in molte altre. Dal fràncone *waida* deriva anche l'italiano guado.

Guadagnare appare in italiano intorno al 1290, *guadagno* circa sessant'anni dopo.

Inflazione

Sebbene l'origine di *inflazione* sia da attribuire, in ultima analisi, al termine medico latino *inflatio*, "gonfiore", siamo lieti di annoverare tra le nostre parole una rara provenienza americana. Infatti *inflation* è un latinismo che appare per la prima volta in ambito finanziario negli Stati Uniti nel 1840 circa. Dagli USA emigra nel Regno Unito, dove nascono i numerosi derivati tra la fine dell'800 e l'inizio del '900.

Come spesso è accaduto, in Italia l'accoglienza di questo "forestierismo" fu freddissima e anzi fu osteggiato dai puristi nel periodo tra le due guerre; ma la battaglia, si sa, era perduta in partenza. Così, timidamente nel 1918 Luigi Einaudi spiega per la prima volta l'*inflazione* ma dovremo aspettare alcuni decenni perché questa parola trovi ospitalità in un dizionario italiano.

Oggi i latinismi della lingua inglese entrano molto velocemente nel nostro lessico, ma a volte non ci rendiamo conto che si tratta di latino. Un esempio per tutti: *sponsor*, che nell'antica Roma era "il garante dello sposo", colui che ne pubblicizzava le doti morali ai parenti della sposa.

Interesse

È parola latina che vuol dire letteralmente "essere in mezzo", composta da *inter*, "tra" e *esse*, "essere". Nell'antichità ha già la moderna accezione economica, nel senso di "essere partecipe degli affari di qualcun altro" (*negotia alicuius interesse*).

L'affermazione in italiano di interesse e dei suoi derivati è preceduta da quella in francese con *intérêt*, *intéressant* e *intéresser* che si diffondono nel tardo Medioevo e influenzano l'assorbimento degli equivalenti italiani, che avviene gradualmente tra il XV e il XVII secolo, naturalmente tra le solite proteste dei puristi.

Nel XX secolo si diffonde la dizione commerciale *interessenza*, una bruttura che è definita dai linguisti "voce barbara" (Lissoni) e "uno dei moderni grossi strafalcioni" (Ugolini).

Investire

Investire è una parola *polisemica*, cioè che ha più di un significato: nessuno vorrebbe essere investito da un'auto ma tutti vorrebbero investire il loro denaro proficuamente, e magari essere investiti del titolo di principe con annesso principato.

Il bello è che tutt'e tre i significati sono riconducibili al verbo latino omonimo, che voleva dire "coprire con ornamenti la veste"; ci resta da capire il perché.

Partiamo dal latino *investire*, che indicava l'atto di cingere la tunica con il *pallio* o con la *toga*, quei sovrabbondanti drappeggi, orlati di rosso nel caso dei senatori e dei magistrati, che fanno da sempre parte di un'iconografia consolidata quando richiamiamo alla mente l'immagine di un antico romano. Questi drappeggi indicavano lo status di cittadino (erano infatti vietati agli stranieri e agli schiavi) ma non solo: il tipo di tessuto, di lana oppure lino, ma anche di pregiatissimi cotone e seta, forniva l'indicazione sulla classe sociale di appartenenza. Insomma, fammi vedere che toga indossi e capirò chi sei.

Si consolida quindi il concetto che l'abito fa il monaco, e ciò ancor di più in epoca feudale, quando la concessione di un feudo era sottolineata dalla consegna di un pallio o di un mantello. Ecco quindi che l'atto simbolico dell'*investitura* viene a corrispondere al conferimento di un titolo nobiliare e di una proprietà fondiaria, assumendone il significato. Il grande feudatario investiva a sua volta quelli piccoli di un titolo e di una proprietà, sperando in un tornaconto dell'investitura in termini di tributi. Ma non sempre le ciambelle riuscivano col buco: i cattivi vassalli facevano pentire a volte i loro signori dando loro più problemi che rendite.

Ci avviciniamo all'attuale significato economico di *investimento*, che è attestato in italiano per la prima volta nel 1363.

E l'investimento stradale?

Tornando alla toga romana, questa circondava il corpo così come le truppe cingono d'assedio una città; da qui il significato di *investimento* come "aggressione". E se non è aggressione quella dell'automobile che travolge il pedone...

Lira

La *Lira*, e non ci riferiamo solo alla defunta italiana ma a tutte le altre, dalla lira sterlina alla lira egiziana, alla lira turca eccetera, ha una storia lunga e complessa, ma ci limitiamo all'aspetto più interessante: il nome deriva dalla *libra* latina che non solo era un'unità di peso corrispondente a 12 once ma significava anche *bilancia* (ancora oggi *Lybra* è il nome astronomico della costellazione della Bilancia).

Per capire perché pesi e bilance danno nome ad una moneta dobbiamo pensare che c'è stato un tempo in cui il mezzo di scambio, quasi sempre in rame o in argento, non si contava ma si pesava. Era il tempo di transizione, durato alcuni secoli, tra il baratto e l'invenzione della moneta coniata. Nella Roma antica l'operazione di pesatura del controvalore in metallo (rame, argento) di un bene era affidata ad un pubblico pesatore, un magistrato detto *libripens*. Nelle operazioni di compravendita che prevedevano un atto scritto ufficiale, doveva essere citato nell'atto il nome del *libripens* e bisognava certificare con quale bilancia era avvenuta la pesatura.

Margine

Margine in senso economico è frutto del recente (fine '800) calco sul francese *marge*. Il linguista Giuseppe Rigutini scriveva nel 1886 che *si tratta di un nuovo e sgarbato parlare preso di netto dal francese*, confermando la tendenza di quegli anni, fino ai primi decenni del '900, ad opporsi ad ogni neologismo in odore di transalpino. Ulteriore aggravante del delitto linguistico era poi la diretta discendenza dal latino *margo*, dal quale solo l'italica lingua era autorizzata a coniare parole e significati nuovi.

Per la verità un delitto linguistico c'è stato ma non è quello francese: è quello perpetrato dagli inglesi nel 1832 con l'invenzione di un falso latinismo, accettato anche nella lingua italiana dal 1908. Parliamo di *marginalia*, le annotazioni scritte a mano sul margine delle pagine di un libro, sostantivando un presunto aggettivo latino *marginalis* di dubbia esistenza. *Margo* in latino vuol dire, *orlo, bordo*. La possibilità di utilizzare quest'orlo come riserva di spazio disponibile (come sul bordo di una pagina) dà origine al significato economico del francese *marge*.

Mercato

Come luogo di incontro tra i mercanti con la loro mercanzia (soprattutto mangereccia) e gli acquirenti appare in italiano nel 1211, proveniente dal latino *merx*, "merce". Per qualche secolo assume anche, a seconda del contesto, una connotazione leggermente spregiativa, triviale, a memoria della cacciata dei mercanti dal tempio. Le cose "da mercato" non sempre erano belle cose.

Il *mercato* in senso figurato, cioè non più tanto luogo fisico ma momento e ambito della contrattazione, nonché campo di studio, si afferma a partire dalla seconda metà del XIX secolo; lo stesso per i suoi innumerevoli derivati economici, sulla spinta degli equivalenti inglesi provenienti dagli Sati Uniti.

Incredibile ma vero, esiste un inutile sostituto ufficiale italiano di marketing: è la *mercatistica* (datato 1961), che ha addirittura un sinonimo, la *mercatologia*. L'uno o l'altro, fa poca differenza; se il primo è moribondo, il secondo si dubita che sia mai nato.

Moneta

Tutti sanno che le celebri oche del Campidoglio, starnazzando come forsennate, svegliarono i romani e salvarono Roma dall'assalto dei Galli nel IV secolo a.C.

Le oche sacre erano allevate nel tempio di Giunone che si trovava ai piedi del Campidoglio; dopo il provvidenziale episodio, alla dea Giunone fu aggiunto l'appellativo di *Moneta* ("ammonitrice, colei che avverte").

In seguito, nel tempio di *Giunone Moneta* o nelle sue immediate vicinanze fu istituita la zecca che coniò le prime monete romane. Queste riportavano il profilo della dea e per questo il pezzo coniato ne prese il nome.

*Profilo di Giunone Moneta al recto
e gli strumenti della zecca al verso - 46 a.C.*

Giunone è passata ma le oche sono rimaste: la prossima volta che ne incontrate una ricordate che l'economia mondiale le deve molto.

Negozio, negoziazione

Negozio appare prima come "affare, impresa commerciale" nel XIV secolo e solo successivamente come "luogo di commercio", a partire dal '600. L'origine è dal latino negotium, a sua volta composto da *nec*, "non" e *otium*, "ozio". Lo sapevano anche i romani che chi dorme non piglia pesci.

Tra i numerosi derivati, ci piace citare negoziazione perché con tutta probabilità ci arriva dallo spagnolo *negociación* alla fine del XV secolo.

Approfittiamo invece del verbo *negoziare*, proveniente dal corrispondente latino *negotior*, per parlare di una forma sintattica dei verbi latini molto interessante: la forma *deponente*.

Semplificando (ci perdonino i latinisti), il suffisso *-or* della voce verbale latina indica il passivo: così se *amo* vuol dire "io amo", *amor* vuol dire "io sono amato". Ci sono invece dei verbi, e *negotior* è uno di questi, che pur avendo forma passiva hanno significato attivo: nel nostro caso "negoziare, contrattare"; sono, appunto, i cosiddetti verbi *deponenti* perché hanno "deposto" il significato passivo per assumere quello attivo.

Se guardiamo la questione unicamente dal punto di vista grammaticale non è che susciti chissà quale entusiasmo, ma invece è molto intrigante se la consideriamo da un punto di vista semantico. Infatti, la forma deponente è tipica di quei verbi in cui non si può fare tutto da soli: non posso negoziare con me stesso, mi serve una controparte, quindi quando "io negozio" sono contemporaneamente parte attiva e passiva. Lo stesso quando rendo una confessione, infatti *confiteor* è un verbo anch'esso deponente. Altri esempi sono i verbi *hortor*, "esortare", *sequor*, "seguire", *largior*, "donare".

È poesia, infine, il verbo *patior*, "soffrire": è vero che posso soffrire anche da solo, ma la mia sofferenza genera compassione nel prossimo, quindi "io soffro" e "sono sofferto" allo stesso tempo.

Nostro / vostro

Se mai vi fosse bisogno di una prova definitiva che le banche sono nate in Italia, questa ne sia la "pistola fumante".

Chi lavora in banca sa che un conto di una banca "A" esistente in una banca "B" è detto dalla banca "A" *nostro* e dalla banca "B" *vostro*. Se poi il conto è di pertinenza di una banca terza, allora è un conto *loro*, sia per la banca "A" che per la banca "B".

E questo in qualunque banca del mondo.

nostro account

noun [C]   BANKING

an account that a bank keeps for itself in a bank in another country, usually in that country's currency:

vostro account

noun [C]   BANKING

an account that a bank holds in its own currency for a bank in another country

La definizione di nostro/vostro nel Cambridge Dictionary
(https://dictionary.cambridge.org/)

Numismatica

Questa parola ci fornisce l'occasione per parlare di un interessante fenomeno etimologico: la *sovrapposizione*. Due parole in relazione tra di loro e a volte assonanti (che hanno un suono simile) nel tempo si sovrappongono per generarne una terza o per modificare il significato di una delle due.

Questo è il caso della parola latina *nomisma*, "regola", a sua volta dal greco *nómos*, "legge", che sovrapponendosi a *nummus*, "moneta" assume essa stessa il significato di moneta, e questo già in latino.

Il fenomeno di sovrapposizione avviene però, come abbiamo detto, solo in presenza di una relazione tra le due parole, al di là della loro similitudine fonetica. La relazione nel nostro caso è data dal fatto che il conio delle monete doveva, già in epoca romana, rispettare alcuni dettami regolamentari di peso, forma, effige, materiale. Una moneta regolamentare era quindi un *nummus* che aveva rispettato un *nomisma*.

Dal latino *nomisma* all'italiano *numismatica* il passo è uno solo ma lunghissimo: quest'ultima nasce infatti solo all'inizio dell'800.

Obbligazione

La prima apparizione di *obbligazione* nel suo moderno significato finanziario è del 1673, in un documento commerciale della corte dei Medici a Firenze, dove possiamo leggere che si tratta di un *titolo di credito emesso all'atto dell'accensione di un debito da parte di un ente pubblico o di una società privata.*

Precedentemente, nel generale significato di "obbligo contrattuale", appare all'inizio del '300 come *obrigagione* nello Statuto dell'Università e Arte della lana di Siena. In latino *obligare* significa legare fisicamente, fasciare, ma anche già in senso figurato come "promettere, giurare" o "far voto agli dei".

Invece *obbligo* nel senso di "riconoscenza" è un francesismo. Inutile dire che tutta la famiglia di parole che nascono dall'accezione di obbligo come vincolo di gratitudine, come ad esempio l'espressione *disobbligarsi*, è fortemente avversata dai puristi di fine '800 per la sua forte impronta francese.

Oro

Il latino *aurum* diventa ben presto (almeno nella pronuncia) *orum*, tant'è che Sesto Pompeo Festo, grammatico del II secolo d.C., chiama *orata* e non *aurata* lo squisito pesce che tutti conosciamo. E tuttavia dobbiamo aspettare il '200 per vedere *oro* in lingua volgare.

Il celebre e ricchissimo re Creso, sovrano della Lidia nel VI secolo a.C., prendeva invece il nome dal greco *chrysòs*, "oro", e qualche linguista ha cercato in passato una parentela tra *chrysòs* e *aurum* facendo poco convincenti salti mortali tra latino, sanscrito, indoeuropeo e greco. Sembra invece che questa parentela non esista, lasciando solo ad *aurum* il ruolo d'onore nella lingua italiana.

Chrysòs muore dunque senza lasciare eredi nello Stivale? Assolutamente no: nei dialetti dell'Italia meridionale ne troviamo parecchi retaggi, uno per tutti il napoletano *crisòmmola*, letteralmente "mela d'oro" e cioé, indovinate un po', l'albicocca.

Palladio

Nel 1802 l'astronomo H.W. Olbers scopriva un grande asteroide orbitante nella fascia omonima, battezzandolo *Pallas* dal nome di una figlia di Tritone. L'anno successivo il chimico inglese W.H. Wollaston scoprì un nuovo elemento chimico e volle celebrare la recente scoperta dell'asteroide chiamandolo *Palladium*.

La parola è quindi inglese ed è italianizzata come *palladio* nel 1817. Una parola giovanissima; d'altronde l'appellativo *Pàllade* conferito alla dea Atena dopo l'uccisione dell'omonimo gigante vuol dire proprio "giovane", dal greco *pàllax*.

Passivo

Dal *passif* francese, attestato anche in Francia piuttosto tardi (1789) come *dette passive*, "debito passivo". La prima parola italiana ad assorbire la semantica economica di *passif* è *passivo*, nel 1790, seguita da *passività*, che appare per la prima volta negli atti delle assemblee della Repubblica Cisalpina nel 1797. Non per nulla: la forma istituzionale, la costituzione e le regole della giovane Repubblica ricalcavano pedissequamente quelle francesi.

Nel suo significato generale di "oggetto di un'azione, colui che la subisce", passivo è documentata negli scritti in volgare dall'inizio del '300, tra cui quelli di Dante Alighieri.

Deriva dal latino *passus*, participio passato del verbo *patior*, "patire, subire".

Patrimonio

Il *patrimonio* rappresenta i beni che passano da padre in figlio, stando all'etimo latino *pater*, "padre". Notate la perfetta simmetria con *matrimonio* (da mater, "madre"), che vale la pena di approfondire perché è una simmetria che ha una ragione molto interessante.

Il suffisso *-monio* (latino *-monium*) vuol dire genericamente qualcosa come "che viene da", quindi il patrimonio viene dal padre (i suoi beni destinati ai figli) e il matrimonio viene dalla madre. Perché solo da lei? Che cos'è il matrimonio?

Dobbiamo pensare un po' in latino: il *matrimonium* si differenziava dal *concubinatus* e anzi vi si opponeva, essendo il primo finalizzato alla creazione della famiglia e quindi alla generazione della prole e il secondo solo alla convivenza tra uomo e donna.

Generare una prole, creare una discendenza, richiede una certezza sull'identità degli eredi; questa certezza può derivare solo dalla madre e non dal padre (*mater certa est, pater numquam*, "la madre è sempre certa, il padre mai").

Ecco che si crea un legame: il patrimonio del padre è ereditato dal figlio avuto in matrimonio con quella che è sicuramente sua madre; ciò che certifica la paternità (benché biologicamente solo presunta) è la maternità, che invece è sempre reale e mai presunta, almeno fino all'invenzione del test del DNA.

Polizza

La prima apparizione di *pollizza* (con la doppia "l") è attestata nel 1291, ancora una volta negli scambi commerciali tra le banche toscane. Ce ne rende testimonianza anche Florence Edler nel suo *Glossary of Mediaeval Terms of Business* (1934) e il commerciante e scrittore lucchese Giovanni Sercambi (1348-1424) nelle sue Novelle; uno scrittore attivo nel commercio è una miniera d'informazioni per le nostre chicche linguistiche finanziarie. All'epoca stava ad indicare un'obbligazione a pagare o a consegnare una data merce.

La forma medievale *pollizza* ha fatto pensare in passato ad una derivazione dal latino *pollex*, "pollice", dito con il quale si usava appore il sigillo ai documenti. Tuttavia oggi si preferisce far discendere polizza dalla latinizzazione del greco *apódeixis* in *apodixis*, "prova". Da questa deriva anche l'aggettivo *apodittico*, detto di una dimostrazione o prova irrefutabile.

Prezzo

Prezzo deriva dal latino *pretium*, "prezzo, ricompensa", e appare in volgare verso la fine del XIII secolo. L'etimologia prima del latino è incerta e ancora molto discussa, perché abbiamo diversi indizi contradditori che non consentono conclusioni più probabili di altre.

L'argomento del contendere è l'alternativa tra l'identificazione di una radice greca che consenta di risalire a sua volta al sanscrito, oppure un'ascendenza diretta sanscrita o indoeuropea compatibile con un derivato greco indipendente dalla via latina. Sono le due strade classiche quando la derivazione dal greco è dubbia; ne nascono spesso discussioni secolari. Così in questo caso c'è chi ipotizza l'ascendenza greca *perào*, "vendere", a sua volta da una radice indoeuropea *par-*, "cambiare". A riprova si ipotizzano le discendenze *comprare* e *barattare* oltre a *prezzo*.

La seconda scuola di pensiero fa risalire *pretium* direttamente al sanscrito *prakh*, "chiedere" da cui deriverebbe anche *pregare* e che avrebbe dato origine anche al greco *prasso*, "fare affari". Abbiamo citato le due ipotesi maggiori ma ci si potrebbe scrivere un volume su quest'argomento. In attesa della soluzione facciamo solo dovere di cronaca.

Profitto

Profitto e tutta la sua famiglia di parole (*profittare, profittevole, profittatore*) derivano dai corrispondenti francesi *profit, profiter, profitable* e *profiteur*. Questi sono attestati nella lingua d'oltralpe già nel XII secolo, escluso *profiteur* che è tardivo, intorno al '600.

In italiano sono attestati tutti nel XIV secolo, sempre escludendo *profittatore* che addirittura appare nel '900.

Dal latino *profectum*, participio passato del verbo *proficere*, "avanzare, ottenere".

Recessione

Questo è un raro caso in cui possiamo determinare l'esatta data di nascita di una parola, il 2 novembre 1929.

Quel giorno l'Economist scrive:

The material prosperity of the United States is too firmly based, in our opinion, for a revival in industrial activity - even if we have to face an immediate recession of some magnitude - to be long delayed.

Recession darà origine ai relativi calchi in tutte le lingue europee, apparendo in italiano come *recessione* nel 1942.

L'intento dell'Economist è eufemistico: il giornale non vuole parlare di "crisi" e cerca un modo meno allarmante di esprimersi.

L'inglese *recession* nasce dal verbo *to recess*, "recedere", con una influenza del tedesco *rezessiv*, inventato quest'ultimo dal monaco

Gregor Johann Mendel quando, giocando con le piantine di pisello, gettò le basi della moderna genetica con le leggi dell'ereditarietà che portano il suo nome.

Si tratta comunque di latinismi, derivanti dal participio passato *recessum* del verbo *recedere*, "arretrare".

Ricco, Ricchezza

Ricco ci arriva dalla radice indo-europea *reg-*, "*che va diritto*". Da questa radice si arriva al longobardo *rihhi*, "potente". Evidentemente chi tira dritto diventa potente e quindi ricco.

Da *rihhi* si arriva al gotico *reiks,* che dà origine anche al tedesco *reich*, "*regno*", e lo ritroviamo anche come accrescitivo (l'equivalente di *-one*) in tutti i nomi che terminano in *-rico: Enrico, Federico, Alberico...* che sono infatti tutti di origine germanica.

Rischio

Secondo l'accezione del gergo economico, a questa parola è assegnato il compito di descrivere il possibile valore atteso dal risultato di un evento. L'evento può influire negativamente o positivamente sul valore, quindi il *rischio* può essere, oltre che un danno, anche un'opportunità.

Ma, lo ripetiamo, questo è gergo, non lingua. Concediamo volentieri ai puristi di scandalizzarsi, perché nessuno dei non pochi vocabolari da noi consultati, né italiani né inglesi, ammette una possibile semantica positiva del *rischio*. Il *risk* inglese tuttavia, ha uno spettro più ampio di significati che ha consentito la nascita del termine gergale di cui detto all'inizio.

I francesi invece hanno inventato una parola nuova nel 1987: *cindynique*, (dal greco *kíndunos*, pericolo) che designa l'ambito delle discipline che si occupano della valutazione del rischio.

L'etimo di rischio è controverso; alcuni dizionari liquidano la spinosa faccenda dichiarandolo semplicemente "incerto". Proviamo ad istruire una piccola indagine.

Gli indizi: primo, nel latino classico non v'è traccia di nulla che assomigli a *rischio*, reso invece con *periculum*, *minis* o *alea*. Appare invece nel latino dei documenti medievali (anno 1158) come *risicum*. Secondo, abbiamo il greco *rizikó* che vuol dire sorte, destino e il suo derivato *kakorízikos*: miserabile, sfortunato. Un'opinione non condivisa da tutti afferma che *rizikó* derivi a sua volta da *ríza*: radice, ma anche terraferma. Terzo, abbiamo la parola castigliana *risco*: rupe, scogliera.

Quarto indizio, più debole: se accettiamo che gli scogli appuntiti possano tagliare come il burro la carena di una nave, potremmo anche fare un passaggio dal latino *resecare*, che spiegherebbe come, per amalgama, da *ríza* si possa arrivare a *risicum*. Quindi tutto bene, o quasi, se ipotizziamo una migrazione in epoca tarda dalla Grecia verso occidente della nostra parola, per mezzo di impavidi naviganti che affrontavano ad ogni tempesta la minaccia di infrangersi sugli scogli.

A romperci le uova nel paniere è la parola araba *rizq* che non ha nulla a che vedere con marinai e scogliere: *rizq* indicava una tassa in natura che gli egiziani pagavano ai greci durante la loro occupazione dell'Egitto. Qualche linguista ha voluto scorgere una parentela di *rizq* con il *rizíco* greco, in quanto non in contrasto con la "malasorte" dell'occupazione militare.

Come si vede, abbiamo poche certezze e solo ipotesi; dobbiamo essere d'accordo con quei dizionari che definiscono "incerto" l'etimo di rischio. D'altronde cosa potevamo aspettarci da una parola che ha la missione di esprimere incertezza?

Risparmio

Una fonte molto importante per chi studia la storia del linguaggio è rappresentata dalle *glosse* (v. illustrazione), cioè quelle antiche annotazioni fatte su un testo ancora più antico per renderlo comprensibile nella lingua parlata all'epoca dell'annotazione. Alcune volte è l'unica traccia rimasta di lingue non più parlate che aiuta a comprendere le forme di transizione nell'evoluzione del lessico.

Una glossa ben nota agli studiosi è quella di Reichenau, annotata nel VIII secolo su una Bibbia "Vulgata" (cioè destinata al volgo ma scritta in latino classico) che era in possesso dell'abbazia omonima. Le annotazioni sono destinate a lettori parlanti una sorta di latino medievale con impronta *galloromanza* (cioè antenato del francese). In una di queste il verbo latino *parcere*, "risparmiare" è tradotto con *sparniare* ed è questa la prima testimonianza dell'antenato di *risparmiare*. Sembra che questa forma sia nata dall'incrocio del longobardo *sparòn*, "risparmiare" con il fràncone *waidanjan* di cui abbiamo parlato alla voce *guadagno*.

Nella loro forma attuale, *risparmiare* e *risparmio* entrano nella lingua italiana nella prima metà del '300. Se ciò sia avvenuto direttamente da una lingua germanica o dal francese, è una discussione ancora aperta.

Bibbia con glossa ordinaria che circonda il testo e glossa interlineare tra le righe del testo - 1603

Salario

Se oggi la nostra retribuzione fosse costituita da qualche libbra di sale, probabilmente non ne saremmo entusiasti. Eppure il *salarium* era la razione di sale che ricevevano i militari e gli impiegati dello stato nell'antica Roma, insieme con altri emolumenti in natura, in cambio del lavoro prestato. Il sale era un bene alquarto prezioso: non facile da trovare in vendita perché lo stato ne faceva incetta, non per metterlo in commercio ma per pagare le truppe.

Il sale arrivava a Roma attraverso la via Salaria, costruita proprio a questo scopo, che congiungeva il mare Adriatico con la città eterna.

A occuparsi del trasporto del sale era il popolo Sabino, la cui omonima regione era (e lo è tutt'oggi) attraversata dalla via Salaria.

Già nel periodo imperiale il *salarium* fu sostituito con una corresponsione in denaro conservando il nome originario, in quanto il denaro era comunque inteso come mezzo per acquistare il sale.

Con piccolissime variazioni, nel Medioevo il *salarium* arriva in tutte le lingue romanze; in italiano appare prima come *sallario* intorno al 1240, poi lo ritroviamo nel 1288 negli Statuti Senesi come *salaro* e infine nella forma odierna, *salario*, nel 1310.

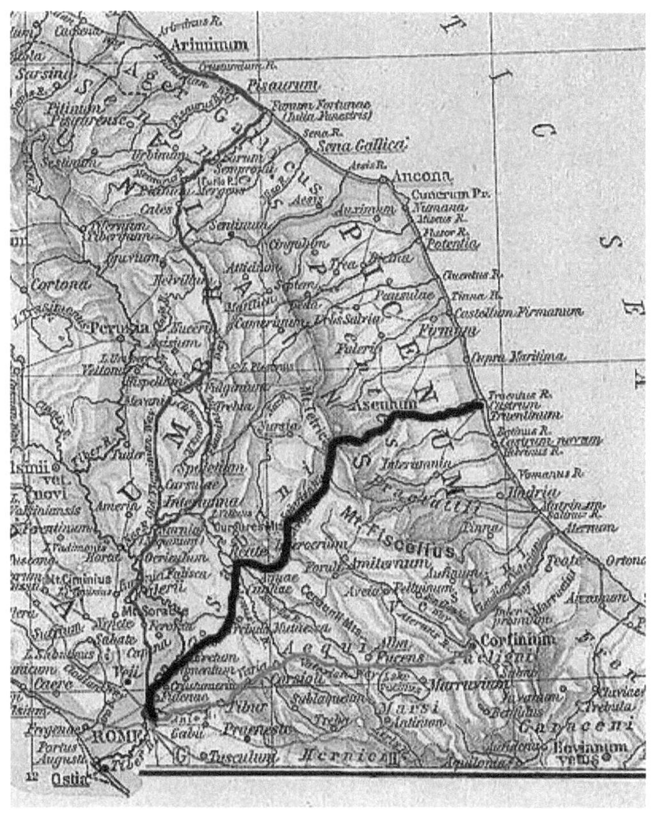

In grassetto il tracciato della via Salaria

Soldo

Il *nummus solidus* era una moneta d'oro massiccio (*solidus*, appunto) del tardo impero romano, dal peso di 4,55 grammi. Nel latino tardo *solidus* diventa *soldus* e il resto viene da sé.

Nel tempo il *solidus* non perde solo la "i" ma anche l'oro e il pregio: prima come moneta carolingia, poi toscana, per arrivare al *soldo* di rame del valore di cinque centesimi di lira, in corso fino al 1943.

E così il *soldo* è rimasto legato più che altro ad espressioni connotate da scarso valore: *due soldi, quattro soldi, non ho un soldo*... E dire che quattro *solidi* d'oro nel IV secolo erano un sacco di soldi!

Il *soldo di cacio,* espressione dal sapore inconfondibilmente toscano, è attestata nel 1863 da P. Fanfani nel suo *Vocabolario dell'uso toscano.*

Speculazione

Speculazione origina dal latino *speculare*, "osservare attentamente". La *specula* era la vedetta oppure il luogo d'osservazione, l'altura da cui si controllavano le mosse del nemico e si facevano congetture sui possibili movimenti che sarebbero avvenuti. Se immaginiamo ore e giornate intere ad aspettare qualcosa che forse non sarebbe mai successo, capiamo perché nel tempo nasce il significato di "congetturare, considerare, ipotizzare".

Nella prima metà del '300 entra nella lingua volgare con questa semantica, estesa alle attività intellettuali di ricerca dottrinale e filosofica.

Solo molto più tardi, nel XIX secolo, *speculare* assume anche un'accezione negativa, in quanto attività di ricerca dell'occasione di sfruttamento di una situazione, causando lo svantaggio di altri.

Il celebre *Dizionario della lingua italiana* di Tommaseo e Bellini del 1865-79 riporta: *speculare ha mal senso, segnatamente accompagnato dalla particella "su"*.

Nasce così il moderno significato economico di *speculazione*, a volte detta *ispeculazione* fino agli ultimi decenni dell'800.

Del significato originale latino ci è rimasta in italiano solamente la parola *specola*: osservatorio astronomico.

Sterlina

Sterlino appare in italiano nel 1211, in un libro dei conti di banchieri fiorentini, e rimane maschile per secoli, fino all'800, quando diventa *sterlina*. In Italia arriva dal francese *esterlin*, attestato nel 1174 nella lingua d'oltralpe e che denominava una moneta in corso in Francia nel Medioevo. Ovviamente l'origine è quella dall'inglese *sterling*, che ci apre un mondo di congetture sul suo etimo, nessuna delle quali del tutto convincente.

Una delle ipotesi fa capo a *easterlings*, termine generico per "gente dell'Est", con il quale sarebbero stati chiamati gli abitanti della regione anseatica, specialmente di Lubecca, maestri nel conio delle monete, durante il regno di Enrico III.

Abbiamo sentito parlare di *easterlings* anche nella saga del Signore degli Anelli di Tolkien, anche se in questo caso si parla solo di un popolo immaginario.

Un'altra speculazione si può fare sull'inglese medievale *sterre*, "stella" che entra in gioco a causa della presenza di stelline su antiche monete normanne.

Infine, si parla anche di un'origine dall'antico francese *estèdre*, "moneta", a sua volta dal latino *statera*, "bilancia", che avrebbe dato origine direttamente a *esterlin*.

Tassa

In latino taxare è un verbo iterativo (cioè che indica ripetizione) derivato da tangere, "toccare". Quindi significa "toccare ripetutamente".

Nel tempo, ancora in epoca romana, assume anche il significato di "valutare, assegnare un valore"; possiamo ipotizzare che questo sia avvenuto perché l'atto di toccare una merce, durante una contrattazione o un'asta, chiudeva la trattativa e assegnava definitivamente il valore ad essa. Da assegnare il valore a determinare la quantità di tributi dovuti (quindi con il moderno significato di "tassare") si arriva già in epoca imperiale, tanto che Svetonio scrive nel I secolo che l'Imperatore *senatorum censum pro octingentorum milium summa duodecies sestertium taxavit*, cioè "portò l'imponibile dei senatori da 800.000 a 1.200.000 sesterzi".

Nonostante questo, in latino non c'era una parola per "tassa", che invece viene ricavata da *taxare* nel latino medievale *taxa*, per entrare poi nel volgare come *tassa* nella prima metà del '300.

Tesoro

Dal latino *thesaurus*, "tesoro, raccolta", a sua volta derivato, secondo alcuni autori, dalle parole greche *thèo*, "porre" e *ayròs*, "oro".

Appare in volgare alla fine del XIII secolo, dapprima come *tesauro* e in seguito come *tesoro*.

Invece *tesoreria* e *tesoriere* sono stati mutuati dai francesi *trésorier* e *trésorerie*, il secondo formatosi dal primo, a loro volta provenienti dal tardo latino *thesaurarium*. Questo accade in Francia molto presto, intorno al 1100.

Valore

Valore è un esempio di parola toscana che non ha alcuna corrispondenza latina; questo nonostante la sua evidente derivazione dal latino *valere*, "essere forte".

In effetti non c'è in latino classico (escluse eventuali forme tarde e medievali) nulla che ricordi valore: questo è reso con *pretium*, "prezzo", *virtus*, "virtù" o *meritum*, "merito".

In italiano è attestato intorno alla metà del XIII secolo, ed è condotto al successo lessicale da Dante Alighieri in persona che ne fa uno dei termini chiave della sua poetica e tratta egli stesso delle diverse semantiche di questa parola nel Convivio.

Come sinonimo di titoli azionari e obbligazionari, lo troviamo a partire dal 1867.

Volatilità

Volatilità è datato 1685, ma si riferisce alla proprietà di un liquido (o di un solido nel caso della sublimazione) di trasformarsi rapidamente in gas.

La sua origine è quella latina di *volatilis*, "volatile, alato" ma anche "effimero", come ci ricorda Svetonio: *gloria vanum atque volatile quiddam est*, cioè "certe glorie sono vane e fugaci".

Non è chiaro quando volatilità passi a indicare il grado di variabilità di un cambio monetario o del prezzo di un titolo. In effetti *volatility*, *Volatilität*, *volatilité* e *volatilità* sono tutti talmente recenti in quest'accezione che la documentazione linguistica a riguardo è scarsa per non dire assente.

Bibliografia

G. L. Beccaria, *Italiano antico e nuovo*
Garzanti, Milano 1992

D. Bonamore, *Prolegomeni all'economia politica nella lingua italiana del Quattrocento*
Pàtron, Bologna 1974

A. Castellani, *Frammento d'un libro di conti di banchieri fiorentini del 1211*
In Studi di filologia italiana XVI
Firenze 1958

A. Castellani (a cura di), *Nuovi testi fiorentini del Dugento*
Sansoni, Firenze 1952

M. Cortellazzo e P. Zolli, *Dizionario Etimologico della lingua italiana,*
Zanichelli, Bologna 1999

F. Edler, *Glossary of mediaeval terms of business: Italian series 1200-1600*
The Mediaeval Academy of America
Cambridge Mass. 1934

P. Fanfani, *Vocabolario dell'uso toscano*
Firenze 1863

O. Lurati, *Modi di dire,*
Fondazione Ticino Nostro, Lugano 1998

C. Marchi, *Siamo tutti latinisti*
Rizzoli, Milano 1992

O. Pianigiani, *Vocabolario etimologico della lingua italiana*
(Edizione anastatica on line su www.etimo.it, a cura di F. Bonomi)
Albrighi & Segati, Roma 1907

G. Rezasco, *Dizionario del linguaggio italiano storico ed amministrativo*
Firenze 1881

R. Sosnowski, *Origini della lingua dell'economia in Italia*
Franco Angeli, Milano 2006

A.A. Sobrero, A. Miglietta, *Introduzione alla linguistica italiana*
Laterza, Roma 2007

A. Stussi (a cura di), *Testi veneziani del Duecento e dei primi del Trecento*
Nistri-Lischi, Pisa 1965

E. Vitale, *La ragione delle parole*
Amazon 2018

Indice alfabetico

Tutte le immagini sono tratte da Wikipedia se non diversamente indicato.